ANTIQUITÉS CHYPRIOTES

ET

TERRES CUITES D'ASIE MINEURE

DONT LA VENTE AUX ENCHÈRES PUBLIQUES

aura lieu

HOTEL DES COMMISSAIRES-PRISEURS, RUE DROUOT, N° 5

SALLE N° 1, AU PREMIER ÉTAGE

Le Mercredi 28 Juin 1876

A deux heures très-précises

Me **MAURICE DELESTRE**, Commissaire-Priseur, 23, rue Drouot.

M. HOFFMANN, Expert, 33, **QUAI VOLTAIRE**,

chez lesquels se distribue le catalogue

EXPOSITION PUBLIQUE : *Le jour de la vente, de midi à deux heures.*

PARIS — 1876

ANTIQUITÉS CHYPRIOTES

ET

TERRES CUITES D'ASIE MINEURE

DONT LA VENTE AUX ENCHÈRES PUBLIQUES

aura lieu

HOTEL DES COMMISSAIRES-PRISEURS, RUE DROUOT, N° 5

SALLE N° 4, AU PREMIER ÉTAGE

Le Mercredi 28 Juin 1876

A deux heures très-précises

Me MAURICE DELESTRE, Commissaire-Priseur, 23, rue Drouot.

M. HOFFMANN, Expert, **33, QUAI VOLTAIRE**,

chez lesquels se distribue le catalogue

EXPOSITION PUBLIQUE : *Le jour de la vente de midi à deux heures.*

PARIS — 1876

CONDITIONS DE LA VENTE

———

La vente sera faite au comptant

Les adjudicataires payeront *cinq pour cent* en sus des enchères.

L'expert pourra réunir ou diviser les lots à son gré.

Paris. — Imp. PILLET et DUMOULIN, 5, rue des Grands-Augustins.

ANTIQUITÉS CHYPRIOTES

Première Collection

1. Deux verres à boire, dont l'un à quatre côtes.

2. Deux autres de formes variées.

3. Quatre autres, dont un à panse conique.

4. Verre à boire, orné d'un fil en relief. — Deux autres.

5. Flacon pomiforme à anse cannelée. — Quatre autres flacons en verre.

6. Vase primitif en forme de taureau; terre rouge. — Gourde ornée d'une figure humaine; ancien style. Terre cuite peinte.

7. Taureau en terre blanche avec stries noires. — Cinq vases de l'ancien style; formes et fabriques différentes.

8. Guttus en forme de taureau; terre rouge. — Deux vases et deux lampes.

Deuxième Collection

BIJOUX ET MÉDAILLES

9. Bague d'enfant en or; légende au pointillé : ЄΠΑΓΑΘΟΙϹ.

10. Bague d'or; la gravure représente une colombe au vol.

11. Petite bague d'or avec une pâte de verre. — Bague d'argent : buste de femme.

12. Deux paires de boucles d'oreilles en or (têtes de taureaux et de bouquetins).

13. Quatre paires de boucles d'oreilles en or; formes variées.

14. Six pendants d'oreilles en or (dépareillés). — Pâte de verre. — Partie supérieure d'une figurine égyptienne en terre émaillée (*Nofre Atoum*).

15. Monnaie d'or chypriote : tête d'Hercule. ℞. Protome de bouc (Duc de Luynes, *Numismatique chypriote*, pl. IV, 2).

16. Deux monnaies chypriotes en argent.

17. Neuf monnaies d'Egypte, de Cyrénaïque, de Macédoine, etc. Æ. et bronze.

18. Treize monnaies diverses (Venise, grands-maîtres de Rhodes, etc.). Æ, billon et bronze.

VERRERIE

19. Alabastron en verre opaque bleu et blanc laiteux, avec deux appendices en verre blanc translucide.

20. Petit flacon entouré d'un fil en relief. — Autre à orifice évasé.

21. Trois petits flacons à anses.

22. Biberon.

23. Flacon en verre verdâtre (irisation à reflets métalliques). — Autre en verre verdâtre très-épais (fabrique phénicienne).

24. Verre bursiforme orné d'un fil en relief. — Petit flacon à panse carrée.

25. Patère en verre jaune.

26. Coupe côtelée.

27. Deux verres à boire ; formes variées.

28. Deux autres.

29. Grand flacon à panse conique.

30. Deux petites coupes à ombilic.

31. Deux autres ; formes variées.

32. Deux verres à boire, dont l'un à quatre côtes et à paroi très-minces.

33. Quatre petits flacons.

34. Deux flacons à panse comprimée et à goulot allongé.

35. Trois autres de grandeurs différentes.

36. Flacon pomiforme à deux anses. — Verre à boire.

37. Quatre flacons de formes variées.

38. Neuf petits flacons à onguent.

39. Bracelet en pâte noire, imitant l'obsidienne.

40. Deux bagues; verre blanc et bleu lapis-lazuli. — Petit flacon en verre bleu (jouet). — Bouton de couvercle, orné de mascarons de lion.

41. Sous ce numéro sera vendu un petit nombre de verres formant double emploi avec les précédents.

BRONZES

42. Figurines égyptiennes (Osiris; deux Apis), etc. — Petite coupe arabe, incrustée d'argent.

43. Deux fers de lance.

ALBATRE, ETC.

44. Canope égyptien (sans couvercle).

45. Alabastron et vase cylindrique.

46. Coquille fossile, trouvée dans un tombeau.

47. Deux têtes de femme; pierre calcaire.

TERRES CUITES

48. Prêtresse, parée d'un triple collier et portant une colombe.

49. Deux autres.

50. Vénus chypriote, voilée et portant les deux mains à ses mamelles.

51. Trois autres.

52. Joueuse de lyre.

53. Deux autres.

54. Prêtresse portant d'une main une fleur, de l'autre un tambourin.

55. Deux autres.

56. Enfant dans son berceau; terre cuite archaïque peinte.

57. Vénus chypriote de style primitif; terre cuite plate. — 3 exemplaires variés.

58. Vénus chypriote, parée de quatre boucles d'oreilles mobiles. Style primitif.

59. Deux figurines du même style.

60. Quadrupède, de style primitif; 5 exemplaires.

61. Sanglier.

62. Colombes, coq, etc.

63. Singe. — Tête de cheval. — Tête casquée de Minerve. — Tête de jeune homme, ceinte d'une bandelette (beau style).

64. Deux anses d'amphores à timbres rhodiens.

POTERIE PRIMITIVE
en terre rouge et blanche

65. Vase en forme de taureau.

66. Grand guttus sphérique, muni d'une anse surélevée.

67. Coupe avec goulot et quatre appendices perforés.

68. Trois kotyles du même genre.

69. Scyphus muni d'un goulot. — Petit vase sphérique à
deux goulots.

70. Lécythe à panse sphérique, ornée de fils en relief. —
Askos orné de 23 appendices perforés.

71. Trois petits vases de formes variées.

72. Guttus en forme d'amphore; terre blanche.

73. Guttus à anse surélevée. — Double lécythe.

POTERIE DE L'ANCIEN STYLE
Peinture noire et rouge sur fond blanc

74. Vase en forme de sanglier (?).

75. Deux vases en forme de quadrupède.

76. Trois autres.

77. Deux jouets d'enfant en forme de chouette.

78. Deux autres, plus petits.

79. Vase en forme d'oiseau.

80. Autre exemplaire.

81. Trois petits vases à corps d'oiseaux surmontés de têtes
de taureaux.

82. Deux autres à têtes de cerfs.

83. Sept autres de formes variées.

84. Grande amphore peinte représentant sur chaque face
un char entouré de trois personnages.

85. Vase en forme de cassette, avec couvercle et serrure.

86. Deux gourdes ornées de bustes de la Vénus chypriote.

87. Très-belle gourde, munie d'une anse et de vingt-deux oreillettes.

88. Deux autres de formes variées.

89. Trois gourdes; ornements en échiquier.

90. Deux autres.

91. Deux gourdes en forme de trois boules superposées.

92. Deux gourdes en forme de deux boules superposées.

93. Deux autres.

94. Gourde composée de cinq boules.

95. Gourde composée de trois boules.

96. Autre, avec anse surélevée.

97. Vase composé de trois boules réunies entre elles par un triple goulot.

98. Quatre petits vases réunis.

99. Lécythe composé de trois glands.

100. Vase composé de deux petits scyphus avec anse surélevée.

101. Vase en forme d'anneau avec anse surélevée, trois pieds et trente-sept oreillettes.

102. Autre, plus simple.

103. Trois autres, variés.

104. Lécythe en forme d'anneau.

105. Petit scyphus, terminé en pointe.

106. Trois autres.

107. Vase en forme de barillet.

108. Petit vase piriforme à trois pieds.

109. Passoire.

110. Prochous à panse piriforme. — Petite amphore.

111. Guttus sphérique, muni d'une longue anse surélevée et d'oreillettes.

112. Autre plus petit.

113. Guttus ; ornements en échiquier.

114. Cinq autres de formes variées.

115. Tasse avec goulot.

116. Sept petits vases de formes différentes.

117. Scyphus sans anse.

118. Grande coupe.

119. Deux autres.

120. Deux autres.

121. Deux tasses ; peinture à l'intérieur et à l'extérieur.

122. Autre ; anse ornée de quatre oreillettes.

123. Quatre petites tasses.

124. Tasse de forme hémisphérique.

125. Deux petites tasses avec goulot.

126. Six tasses.

127. Askos ; ornements en échiquier.

128. Deux autres.

129. Quatre askos à panse circulaire.

130. Quatre autres.

131. Deux petits vases du même genre.

132. Gourde.

133. Vase sphérique avec anse formant un angle droit.

134. Deux petits vases analogues.

135. Grand lécythe, décoré de dix-neuf oreillettes.

136. Deux autres plus simples.

137. Sous ce numéro sera vendu une grande collection de vases du même style.

POTERIE ARCHAÏQUE
ornée de hachures

138. Vase en forme d'animal.

139. Autre exemplaire.

140. Guttus sphérique, avec anse surélevée.

141. Guttus.

142. Rhyton.

143. Quatre petits vases de formes variées.

144. Coupe.

VASES A RELIEFS, ETC.

145. Scyphus.

146. Deux lécythes.

147. Vase en forme de taureau; peinture noire.

148. Lécythe; terre grise avec peinture blanche. — Tasse;
peinture rouge sur fond clair.

LAMPES

149. Europe enlevée par le taureau.

150. Autruche chargée d'une amphore à vin.

151. Gladiateur. — Amour portant un seau et une patère
remplie de fruits.

152. Chimère. — Oiseau sur une branche. — Navire.

153. Lampes avec noms de fabricants : ЄYTYXHTOC. —
FAVSTI. — PRI(mi) E.

154. Sujet érotique.

155. Trois lampes de formes variées.

156. Sous ce numéro sera vendu un petit nombre de pote-
ries, de lampes, etc., non cataloguées.

TERRES CUITES D'ASIE MINEURE

157. Tête de Jupiter.

158. Tête de Vénus, parée d'un triple diadème.

159. Tête de Vénus avec diadème radié.

160. Deux têtes de Vénus.

161. Tête de Bacchus.

162. Quatre autres.

163. Tête de Silène.

164. Petite tête de Silène (fragment de figurine).

165. Tête de Faune.

166. Tête d'Ariane.

167. Quatre têtes de bacchantes.

168. Deux masques d'Attis.

169. Buste d'Hercule (fragment de figurine).

170. Tête d'Hercule couronné de feuillage.

171. Tête de jeune homme.

172. Deux autres.

173. Tête d'enfant coiffé d'un chapeau.

174. Buste de femme drapée et couronnée (fragment de figurine).

175. Trois têtes de femmes (coiffures variées).

176. Deux autres.

177. Trois autres.

178. Onze têtes de femmes.

179. Tête de matrone.

180. Deux têtes de jeunes filles.

181. Deux têtes de femmes, coiffées du calathus.

182. Enfant drapé dans sa chlamyde.

183. Hermès d'enfant drapé.

184. Neuf têtes d'enfants.

185. Masque comique.

186. Tête de nègre.

187. Sept caricatures.

188. Fragments de figurines, dont plusieurs du plus bel art grec.

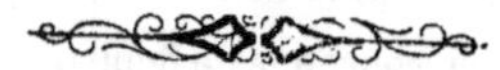